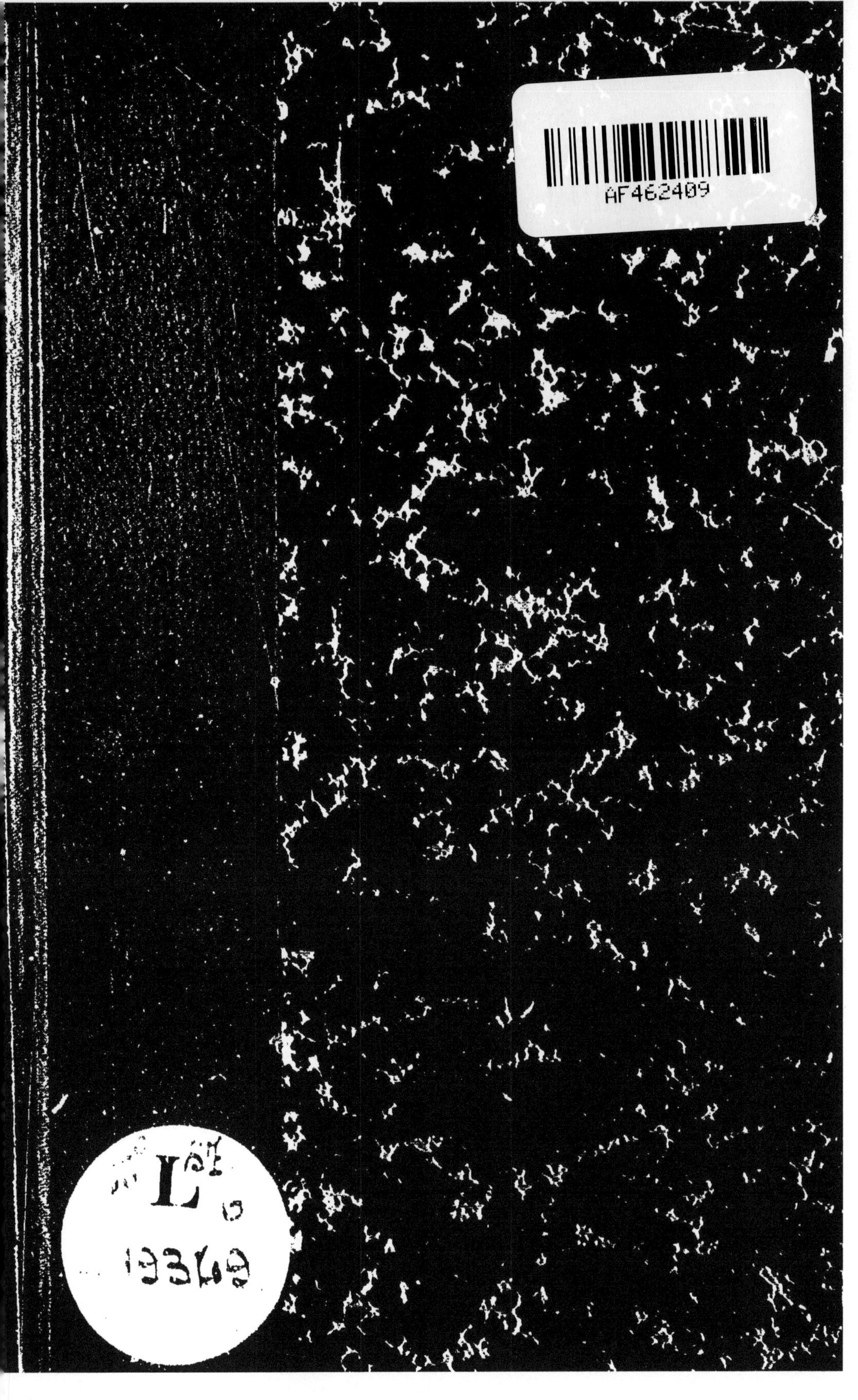

CHARLES BENOIST

L'Organisation de la Démocratie

Librairie académique PERRIN et Cie.

BENJ. FRANKLIN NATUS BOSTON XVII JAN
MDCCVI
Ex libris
AMERICAN CHAMBER
OF COMMERCE
in PARIS
KLIN LIBRARY

L'ORGANISATION

DE LA

DÉMOCRATIE

OUVRAGES DU MÊME AUTEUR

Croquis parlementaires. — MM. Tony Revillon, Floquet, Clémenceau, Anatole de la Forge, Turquet, Naquet, Déroulède, le comte de Mun, Mgr Freppel, de Freycinet, Goblet, Tirard, 1 vol. in-16 (Perrin et Cie)............... 3 fr. 50

Sophismes politiques de ce temps, étude sur les principes, les formes et les procédés de gouvernement. 1 volume in-16 (Perrin et Cie)... 3 fr. 50

La Vie nationale. — La Politique. 1 volume petit in-8°. (Flammarion)............ 3 fr. 50

La Crise de l'Etat moderne. — L'Organisation du suffrage universel. 1 volume grand in-8° (Didot)...................... 10 fr. »

L'Etat et l'Eglise. — Questions du temps présent. 1 brochure (A. Colin)............ 1 fr. »

Souverains, Hommes d'Etat, Hommes d'Eglise. 1 volume in-16 (Lecène et Oudin)..... 3 fr. 50

Enquête algérienne. 1 volume in-16 (Lecène et Oudin)...................... 3 fr. 50

L'Espagne, Cuba et les Etats-Unis. 1 volume in-16 (Perrin et Cie)................ 3 fr. 50

EN PRÉPARATION :

La Crise de l'Etat moderne. — L'Organisation du Travail.

EMILE COLIN, IMPRIMERIE DE LAGNY (S.-&-M.)

CHARLES BENOIST

L'Organisation de la Démocratie

PARIS
LIBRAIRIE ACADÉMIQUE DIDIER
PERRIN ET Cie, LIBRAIRES-ÉDITEURS
35, QUAI DES GRANDS-AUGUSTINS, 35
1900

L'ORGANISATION

DE LA

DÉMOCRATIE (1)

Messieurs,

S'il vous arrivait de rencontrer, dans les jours que nous traversons, quelque optimiste intrépide qui vous dît qu'à cette heure, en France, tout est au mieux, ou même bien, ou seulement n'est pas si mal, pour savoir aussitôt à quoi vous en tenir, vous regarderiez d'instinct sa boutonnière. Tout, en effet, ne va pas mal, s'il vient de recevoir le Mérite agricole; tout va bien, si ce sont

(1) Conférence faite à Paris le 2 février, à Lyon le 14 février et à Reims le 1er mars 1900.

les palmes académiques, et si c'est la Légion d'honneur, pourquoi voulez-vous que tout n'aille pas le mieux du monde? Mais, au contraire, Messieurs, si vous rencontrez des gens qui, la mine sombre, les bras levés au ciel, et d'une voix sépulcrale, s'en vont gémissant que tout est perdu, que c'est la fin, que nous sommes une nation morte ou mourante, je vous en prie, ne les écoutez pas et songez que depuis tant de siècles nous aurions pu tant de fois mourir, si, Dieu merci, les nations ne mouraient difficilement!

Ah! oui, des choses finies, des choses perdues, des choses mortes, depuis qu'il y a une France, la France en a secoué et fait tomber autour d'elle autant qu'un grand arbre, à l'automne, secoue et fait tomber de feuilles sèches; et elles ont fait, en tombant, plus ou moins de bruit sur la route ardente et sonore où marche lentement et lentement s'avance l'humanité. Mais, le printemps d'après, l'arbre et la France ont reverdi; car, Messieurs, il y a des fins qui ne sont que des commencements.

J'ai, quant à moi, la ferme confiance que des choses qui présentement finissent se dégageront les choses qui commencent; et c'est pourquoi je ne veux plus me plaindre de ces douleurs, ni me lamenter sur ces tristesses, ni récriminer contre ces fautes, ni m'affliger de ces défaillances, ni m'indigner de ces scandales d'hier, qui ne sont déjà plus.

Détournons-nous de la fosse commune où la France a jeté successivement les cadavres de toutes les affaires qui ont eu leur aboutissement dans l'Affaire, — comme les cas de maladie trop nombreux et trop répétés ont leur aboutissement dans l'épidémie, — et laissant, en un silence sans larmes, les morts ensevelir leurs morts, nous, Français, qui, en ce temps d'histoire, sommes la France, — c'est la vieille France immortellement jeune et d'une inépuisable fécondité que j'ose dire, — nous, Messieurs, retournons à la vie.

Il n'est d'ailleurs pas contestable que le temps où nous avons à vivre soit un temps de crise. Et pourtant, Messieurs, que cette crise n'est pas une fin, mais un commencement; que ce n'est pas une agonie, mais une fièvre de croissance; que ce n'est pas un travail de dissolution, mais un travail de formation (ou, du moins, qu'il est permis de l'espérer), — voilà ce que j'essaierais de vous montrer ce soir, si vous en aviez le loisir. Je vous montrerais que la destinée nous achemine vers un nouvel ordre social et un ordre politique nouveau...

... *Novus rerum nascitur ordo*;...

que dès maintenant nous en entrevoyons la loi, qui est que dans l'État moderne, dans l'État de demain, « il y aura toujours plus de démocratie ; » et que cet État, par conséquent, s'il veut s'organiser et vivre, c'est son élément vital lui-même, c'est la démocratie elle-même qu'il doit s'assimiler, et, pour se l'assimiler, qu'il doit organiser. *L'organisation de la démocratie,* là, Messieurs, est le remède au mal présent, là est le principe du bien à venir, là est le salut, et là est l'œuvre.

Or, comme c'est socialement et politiquement tout ensemble que nous marchons vers toujours plus de démocratie, c'est socialement et politiquement aussi qu'il faut organiser la démocratie : politiquement, en organisant surtout le suffrage universel, et socialement, surtout en organisant le travail. — C'est donc *l'organisation du suffrage universel* qui sera notre premier point et le plus important. — Mais, comme, en elle-même et à elle seule, l'organisation du suffrage universel ne suffirait pas à organiser politiquement la démocratie, un deuxième point traitera des mesures propres à l'appuyer et à la compléter, ou à la préparer. — Quant au troisième point, le dernier, qui se rapporte à *l'organisation sociale de la démocratie*, à *l'organisation du travail*, je ne ferai, à la vérité, que le toucher en passant, — car il mériterait une étude particulière, — pour m'efforcer enfin de tirer de l'ensemble quelques indications, j'allais dire quelques directions sur la politique nouvelle à suivre dans la République nouvelle que nous ferait la démocratie organisée.

I

L'ORGANISATION POLITIQUE DE LA DÉMOCRATIE. L'ORGANISATION DU SUFFRAGE UNIVERSEL.

En premier lieu, et comme disposition principale, l'organisation politique de la démocratie comportera *l'organisation du suffrage universel*.

Pour éviter qu'il y ait même une minute d'équivoque, je déclare tout de suite qu'organiser le suffrage universel, ce n'est ni supprimer le suffrage universel, ni le restreindre, ni le graduer ou le *pluraliser* et *l'inégaliser*, ni d'une façon quelconque y porter atteinte. Nullement, et les mots disent ici tout ce qu'ils doivent dire, ils ne cachent rien ; point d'arrière-pensée sous cette pensée : substituer au suffrage universel inorganique le suffrage universel organisé.

Vous savez, Messieurs, ce qu'il faut entendre par « suffrage universel *inorganique* ou *inorganisé;* » — d'où vient ce suffrage : de la théorie de « la souveraineté nationale ; » — et où il aboutit : à l'anarchie. Vous savez que, si « la souveraineté » nationale réside. en théorie, dans la nation tout entière, formant un corps, proclamée une et indivisible, en pratique, la « souveraineté nationable se morcelle et s'émiette en autant de fragments que l'État compte de citoyens. Si donc il y a dix millions d'électeurs, il y a dix millions d'atomes de souveraineté.

Mais, vous le savez aussi, Messieurs, absurdes et fous sont certains rêves; absurde et fou, par exemple, eût été le rêve des moines du Mont-Saint-Michel, s'ils eussent voulu jeter dans le ciel les clochetons de leur abbaye en posant les premières assises non sur le ferme roc, mais sur la plage mouvante de la baie, où le passant s'enlize. C'est tenir la même gageure, que de prétendre bâtir l'État sur le suffrage universel inorganique, qui est la souveraineté nationale réduite en un sable mouvant. C'est oublier que seul le vent qui souffle fait quelque chose avec le sable, l'enlève par paquets, l'emporte, le roule en de furieux tourbillons, le laisse retomber au hasard effréné de son caprice ; et voilà une dune ! mais revenez demain : le vent contraire aura soufflé ; où l'un avait amoncelé, entassé, l'autre a creusé : où était une dune est maintenant une fosse. Et de la fosse à la dune, et de la dune à la fosse, chaque jour, s'il n'y avait au monde que le sable et le vent, changerait la face de la terre.

Nous pourtant, Messieurs, depuis cent ans ou depuis cinquante ans, nous poursuivons ce paradoxe, de vouloir construire sur ces dix millions de grains de sable inconsistant, sur les dix millions de petits carrés de papier où s'éparpille et se pulvérise la souveraineté nationale, sans aucun appareil, sans aucun système qui les groupe et qui les cimente, la masse colossale et de plus en plus pesante de l'État moderne. Le trouble qui nous agite, la crise dont nous souffrons, notre mal, aujourd'hui, Messieurs,... à quoi servirait-il de le déguiser?... c'est l'anarchie, dans la paix — habituelle et relative — de la rue; le grand mal et le grand danger, c'est le suffrage universel inorganique, qui ne peut être que le suffrage universel anarchique; et, Messieurs, — entendez-le bien, — ce n'est pas le suffrage universel, mais c'est la *non-organisation* du suffrage universel.

Que, non organisé, ce suffrage soit anarchique, — et qu'il ne puisse pas ne pas l'être, — qu'il nous induise en anarchie, c'est déjà sa condamnation. Mais ce grand mal, ce mal profond est accompagné, comme à l'ordinaire, de tout un cortège de maux et d'infirmités. Anarchique de nature, le suffrage universel inorganique appelle, en outre, presque nécessairement, la corruption et la fraude, bientôt suivies du dégoût ou de l'indifférence, eux-mêmes engendrant l'abandon de l'intérêt public au profit de syndicats d'intérêts privés, l'exploitation du pays par des coteries, l'abaissement graduel de la politique par l'abaissement de la valeur du personnel politique, et, par l'abaissement de la politique, l'abaissement final de la nation parmi les nations.

J'ai dit : *la fraude*. Elle perce dès le premier acte, ou même dès le prologue de cette tragi-comédie qu'est une élection, et trop souvent il y a erreur, il y a tromperie sur la personne même du « souverain ». Trop souvent, sur les listes électorales, — cela ne se voit pas seulement à Toulouse, — plus d'un « mort » se raccroche désespérément à la vie; plus d'un « déménagé » y garde un pied-à-terre; des « inconnus » s'y glissent à la faveur de leur obscurité; et même, à y regarder d'un peu près, on y découvrirait sans doute quelques « incapables », si ce n'était quelques « indignes ».

J'ai dit ensuite : *la corruption*. — Je ne veux point parler seulement de la corruption éhontée, effrontée, qui s'étale et s'affiche en de sonnantes, tintantes et cliquetantes libéralités; de celle qui dresse comme un tarif des voix et les achète à beaux deniers comptants. Mais il y a les places et les promesses de places : à bout d'arguments, le candidat y recourt d'autant plus volontiers, et d'autant moins scrupuleusement, que c'est l'État qui paye. Et peut-être, Messieurs, qu'en somme, il n'est guère besoin de chercher d'autres motifs à la multiplication des fonctions et fonctionnaires, — ce miracle de l'État moderne.

J'ai dit aussi : *le dégoût* et *l'indifférence.* — A ce dégoût s'ajoute comme un sentiment d'impuissance, auquel ne vient encore que trop efficacement en aide une naturelle paresse à l'effort ; et alors, les uns, tremblant devant le débordement de la calomnie et de l'injure, se dérobent au devoir d'être candidats, et les autres, sous prétexte de n'avoir point le candidat de leur choix, — ils manquent rarement d'excuse ! — se dérobent au devoir même de voter. Ils *s'abstiennent,* Messieurs, ils se tiennent à l'écart, ils s'enferment chez eux, ils se retranchent en eux, — c'est le mot propre, — ils *se retranchent* du suffrage universel, de la souveraineté nationale et de la vie nationale.

Mais il y a plus, et j'ai bien fait de dire *l'abandon de l'intérêt public* et *l'exploitation du pays par des coteries.* — Le

dégoût et l'indifférence, le sentiment d'impuissance, la paresse à l'effort, l'abstention de tout ce qui a une valeur, de la fierté, le respect de soi-même et d'autrui, nous livrent, en effet, à ce qui n'a ni respect d'autrui et de soi-même, ni fierté, ni valeur; quelquefois aux charlatans, et quelquefois aux aventuriers.

Et c'est pourquoi j'avais le droit de dire enfin : *l'abaissement de la valeur du personnel politique*, entraînant comme suite immédiate *l'abaissement de la politique*, et comme suite lointaine, mais certaine, — si nous n'y mettions à temps le holà! — *l'abaissement de la nation entre les nations*. — Une politique intérieure trop bornée, trop mesquine, trop misérable nous interdit toute politique extérieure; mais, le jour où il serait avéré que nous n'avons plus de politique extérieure, ce jour-là, il pourrait bien y avoir encore sur la carte de l'Europe un hexagone teinté de rose, juxtaposé à une plus grande Allemagne ; mais — que vos âmes françaises sentent bien toute la force de ce que leur crie une âme française : — ce jour-là, Messieurs, il n'y aurait plus de France !

Tout cela, l'abaissement de la nation par l'abaissement de la politique et l'abaissement de la valeur du personnel politique, parce que la représentation du pays est faussée et adultérée ; parce que ce n'est pas le pays réel, le pays vrai, le pays vivant qui est représenté, mais seulement un faux pays politiquant, plaqué sur l'autre, qui le recouvre d'une croûte et qui l'étouffe ; parce que la politique est comme abandonnée à une classe spéciale de politiciens, au recrutement de laquelle pourvoient abondamment trois ou quatre métiers dont c'est le fâcheux privilège de fournir des défenseurs à toutes les causes, des sauveurs à tous les cas, des rhéteurs à tous les sujets et des docteurs à toutes les écoles : avocats, médecins, journalistes, professeurs.

Sur 11 millions d'électeurs que nous sommes en France, environ 5 millions vivent de l'agriculture; et, sur 580 députés environ que comptait la Chambre de 1893 (tenons-nous-en sagement au passé), 38 seulement pouvaient être tenus pour des agriculteurs; dans le pays, un peu plus de 4 millions d'électeurs vivent de l'industrie, et, dans la Chambre, 49 députés seulement pouvaient être considérés comme des industriels; dans le pays, près d'un million et demi d'électeurs vivent du commerce, et, dans la Chambre, il n'y avait guère qu'une trentaine de députés qui fussent ou aient été des commerçants; en revanche, 400,000 électeurs à peine vivent des professions dites libérales, — et il n'y avait pas moins de 296 députés appartenant de plus ou moins loin et à un titre plus ou moins sérieux à ces professions: c'est-à-dire 296 députés, avocats, médecins, professeurs ou journalistes.

Et lesquels, Messieurs? Trop souvent, et

toutes exceptions honorables étant faites, des avocats sans clients, des médecins sans malades, des journalistes sans journal et des professeurs sans élèves ! Ainsi la politique devient une carrière pour les « ratés » de trois ou quatre carrières, qui « ratent » celle-là comme ils avaient « raté » les autres !

Oh ! je vous prie de croire que je ne vise personne, que je n'ai aucun nom présent à la pensée, et qu'il n'entre ici aucune intention de persiflage ou de dénigrement. Mais, puisque nous sommes en des jours de procès politiques, puisqu'on veut à tout prix découvrir et punir des complots, je vous en dénonce un, plus redoutable cent fois que celui qui vient d'être déféré à la Haute-Cour, plus dangereux pour la République que les menées réactionnaires, césariennes, cléricales, etc. : l'accaparement de la politique par une certaine classe et un certain genre de politiciens ; l'écrasement de la majorité par l'usurpation d'une minorité et la diminution de toutes choses par l'envahissement des médiocrités; la formation dans le pays réel, dans le pays vrai, de je ne sais quel pays illégal ou extra-légal, qui n'a pas idée de ce que c'est que la France, et qui confond la République avec lui-même, et qui la rétrécit, et qui la rapetisse à sa mesure. — Messieurs, le voilà, le complot!

Et veut-on que je vienne, en témoin, sans haine et sans crainte, dire la vérité, toute la vérité : peu à peu, si l'on laissait aller l'affaire de la sorte, si l'on ne réagissait pas, si l'on ne portait pas remède à tous ces vices, à tous ces maux du suffrage universel inorganisé, — si l'on laissait s'aggraver encore la corruption, la fraude, l'exploitation de l'Etat par ces syndicats d'intérêts privés, et grandir encore, en regard, l'indifférence et le dégoût; peu à peu, Messieurs, entre ce qu'on appelle le monde politique, et qui ne serait plus qu'un ramassis de politiciens, entre ces politiciens et la nation honnête et saine, il se dresserait comme une muraille de mépris !

Eh bien ! il ne faut pas que cette muraille puisse s'élever, qu'elle puisse arriver à hauteur infranchissable. Il faut la percer, l'abattre, la raser, rétablir la communication, le lien entre la nation et le monde politique. Il faut reprendre la politique aux politiciens, il faut y réintéresser la nation, et, pour l'y réintéresser, il faut assurer l'utilité du vote.

Or, avec le suffrage universel inorganique, pour combien d'électeurs le vote n'est-il pas, aujourd'hui, inutile ! Et il est inutile, parce qu'avec le suffrage universel inorganique, ceux qui ne prennent pas toute la place n'ont pas leur place ; ceux qui ne sont pas tout ne sont rien ; ceux qui ne s'ajoutent pas à l'addition sont éliminés par soustraction...

Mais justement, Messieurs, organiser le suffrage universel, c'est rendre à chacun sa place, sans enlever sa place à personne ; c'est donner à tout le monde une place, sans faire à personne plus de place; ce n'est ni ôter à qui que ce soit son vote, ni attribuer à personne plus d'un vote; ce n'est ni supprimer le suffrage universel, ni le restreindre, ni même y toucher.

Dans le système en vigueur, on se borne à demander à l'électeur où il habite; non point ce qu'il fait; où il est, non point ce qu'il est. Nous voulons, nous, que le suffrage universel, à l'avenir, tienne compte de ce que fait l'électeur et de ce qu'il est, car c'est surtout ce qu'il fait, qui fait ce qu'est l'homme. Nous voulons une représentation vraie, réelle et vivante du pays vrai, réel et vivant; mais quoi de plus vrai, de plus réel, de plus vivant pour nous ou de plus vécu par nous que notre profession? puisqu'aussi bien, si l'homme ne vit pas seulement de pain, tout de même il vit surtout de pain, et que son pain, c'est sa profession qui le lui donne.

Comme le besoin de pain est quotidien, *la profession*, pour l'homme, est donc nécessaire et quotidienne. Il ne la prend pas un beau matin tous les quatre ans pour vivre d'elle cinq minutes et la quitter avant le soir, ainsi que la plupart des électeurs font d'une opinion politique, quand ils se donnent la peine d'en prendre une, même pour cinq minutes. Elle dure singulièrement plus que la période électorale ; et, le grand jour passé, beaucoup de Français ayant, au petit bonheur, choisi le candidat radical ou le candidat modéré, ne se réveillent ni radicaux ni modérés, qui se retrouvent bouchers ou cordonniers.

L'opinion politique, Messieurs, ce n'est que le vêtement de l'homme, et un vêtement qui se lave : dans la grande foule des hommes, il en est qui en ont toute une garde-robe ; beaucoup qui se couvrent, au hasard de la rencontre, d'un haillon ou d'un oripeau ; beaucoup même qui vont tout nus... c'est-à-dire beaucoup qui n'ont pas du tout d'opinion politique; beaucoup qui n'en ont une que d'emprunt; et beaucoup qui en ont plusieurs de rechange. Mais *la profession*, au contraire, c'est l'homme : Il n'est pas d'homme qui, jusque dans la politique, ne porte — veuillez me passer l'expression — quelque stigmate professionnel; et quand c'est la vie que nous cherchons, lorsque c'en est un signe, une marque, un caractère tout ensemble très apparent et très profond, ne l'avons-nous pas là, *dans la profession?*

Une représentation, fondée, du moins en partie, sur elle, comme indication du genre de vie, sera par conséquent, en partie du moins, la représentation réelle et vivante du pays réel et vivant.

Et, Messieurs, sans plus de discours, je formule ainsi le système nouveau :

La Chambre des députés sera élue au

suffrage universel direct par tous les citoyens, égaux, mais répartis, suivant leur profession, en un petit nombre de catégories très ouvertes, en six ou sept groupes très larges, embrassant tout le monde, ne laissant personne dehors, ne souffrant ni d'exclusion ni de privilège; chacun de ces groupes devant tirer de lui-même son représentant; avec une double circonscription : la circonscription territoriale, déterminée par le département, et la circonscription sociale, déterminée par la profession.

Je dis : *un petit nombre de catégories très ouvertes, six ou sept groupes très larges :* ceux, par exemple, dans lesquels les statistiques officielles classent toute la population : Agriculture, industrie, commerce, transports, administration publique, professions libérales, propriétaires et rentiers.

Je dis : *chacun de ces groupes devant tirer de lui-même son représentant;* l'agriculture élisant un agriculteur, l'industrie un industriel, le commerce, un commerçant, etc.

Et je dis enfin que la représentation obtenue par ce procédé serait *bien plus exactement proportionnelle,* puisque, dans une Chambre de 500 membres, les 5 millions d'électeurs vivant de l'agriculture auraient 225 députés, — et non plus 38 seulement, représentation dérisoire ! —. Les 4 millions d'électeurs vivant de l'industrie, patrons, employés et ouvriers, auraient 164 députés, — et non plus seulement 49 ; — le million et demi d'électeurs vivant du commerce aurait 48 députés, — et non plus une trentaine seulement, comme aujourd'hui ou comme hier, dans une Chambre plus nombreuse.

Mais, en outre, chaque groupe tenant à honneur d'être représenté par la tête des professions qui le composent, la valeur du personnel politique se relèverait immédiatement, et par elle se relèverait la politique nationale et internationale, et par elle se relèverait la nation entre les nations.

Inestimables avantages, messieurs, mais ce n'est pas tout encore, et voici qui n'est pas moins précieux.

En organisant le suffrage universel d'après ce plan et sur cette base, on aurait du pays une représentation *d'autant plus vraie et d'autant plus vivante* que, par la circonscription professionnelle doublant la circonscription géographique, on rapprocherait le régime politique de la France de son état social. Comme les questions économiques ou sociales sont désormais passées au premier rang des questions politiques et sont en train de devenir bientôt les seules ou presque les seules questions politiques, ce serait faire de la vérité et de la vie que de n'hésiter pas à laisser prédominer les considérations sociales jusque dans le recrutement de la représentation politique.

Ce serait rajeunir et retremper dans la vérité et dans la vie un parlementarisme vieilli, caduc et artificiel, qui ne correspond plus à rien, qui n'enveloppe plus que du vide, qui n'exprime plus que du « truqué » et de l'inexistant ; ce serait rétablir l'équilibre rompu ; ce serait aller où va le monde ; enfin, ce serait faire œuvre éminemment démocratique, puisque ce serait sauver la démocratie de la démagogie qui la capte, tant qu'elle reste impulsive et indisciplinée, par le verbe et par l'argent, et qui n'aurait plus de prises sur elle, ou qui en aurait beaucoup moins, lorsqu'elle serait ordonnée et organisée.

Si j'ajoute, Messieurs, — et pourquoi non ? — qu'à côté de cette Chambre, la Chambre des députés, il y en aurait une seconde, un *Sénat,* dont les membres seraient — chaque département en ayant trois, — nommés dans chaque département : *le premier, par et parmi les Conseils généraux,* représentant le département lui-même, qui est la plus haute des « unions locales administratives » ; *le deuxième, par et parmi les Conseils municipaux*, représentant cette « union locale » primitive et pour ainsi dire naturelle, la commune ; *le troisième, par et parmi les unions sociales ou professionnelles* : académies, universités, barreaux d'avocats, chambres de notaires et d'avoués, chambres de commerce, conseils de prud'hommes, syndicats ouvriers,.. etc. ; si donc on ajoutait ce Sénat à cette Chambre, je dis que l'on enfermerait par là dans la représentation nationale la majeure partie de la vérité et de la vie nationales. Non seulement les vies individuelles dans cette Chambre des députés ; mais, dans ce Sénat, les vies collectives, dont est faite la vie nationale.

Réinscrire dans la vie nationale les vies collectives oubliées, au grand péril de nous tous, que l'État, quand il s'appesantit, entraîné en bas par sa propre masse, écrase alors et broie isolément ; réintroduire entre chacun de nous et l'État ce tampon de corps intermédiaires : c'est à quoi servirait un Sénat élu de la sorte, et en quoi il serait le complément nécessaire d'une représentation vivante et vraie de la France vraie et vivante.

N'était-ce pas le problème ? n'en serait-ce pas la solution ? et que faut-il de plus ?

Depuis que j'ai proposé pour la première fois et que je défends ce système de *la représentation réelle du pays*, on m'a de divers côtés reproché de n'en avoir pas assez précisé les détails ; et je reconnais que j'ai pu mériter ce reproche, mais c'est à dessein que je l'ai encouru.

Le principe une fois admis, et le cadre une fois tracé, quant aux procedés, sur tel ou tel point, s'y prendra-t-on de telle ou telle manière ? Il m'importe peu, et je n'y mets pas d'amour-propre d'auteur. Il n'est point en tout cela de bloc intangible ni de mécanique imperfectible.

Laisser du jeu dans un système, c'est ouvrir le champ aux bonnes volontés. Et, comme on ne fait rien que par elles, loin d'en décourager une seule, je les attends et je les appelle toutes!

Mais, quoique l'organisation du suffrage universel doive contribuer puissamment à l'organisation de la démocratie, et quoiqu'elle en soit une partie et comme une des conditions mêmes; quoique cette organisation ne puisse se faire sans elle; cependant, à elle seule, elle n'y suffirait pas; aussi, Messieurs, est-il temps de voir quelles autres mesures, quelles autres réformes pourraient et devraient aider à cette grande tâche.

II

L'INDÉPENDANCE DES POUVOIRS

La première serait *la séparation*, j'entends la *distinction* et *l'indépendance effective des pouvoirs*.

Vous vous rappelez la règle posée par Montesquieu : « Il n'y a point de liberté, si la puissance de juger n'est pas séparée de la puissance législative et de l'exécutrice. » Partant de là, en France, aujourd'hui, est-ce que nous avons la liberté? Ou, plutôt, est-ce que les trois pouvoirs ne se mêlent pas et ne se confondent pas trop souvent deux par deux? est-ce que le législatif n'empiète pas sur l'exécutif, mais celui-ci, ne s'en venge-t-il pas en actionnant le judiciaire, sur lequel le législatif, à son tour, prend sa revanche en le domestiquant? Et, Messieurs, est-ce qu'ainsi ne s'infiltre pas par une nouvelle voie et ne s'installe pas dans l'État l'anarchie, qui naît non-seulement de la défection, mais de la confusion des pouvoirs, cette espèce d'anarchie sans violence qui est comme une décomposition de l'ordre et comme une putréfaction de la liberté?

Si le législatif et l'exécutif sont confondus, et jusqu'à quel point, les occasions ne nous manquent pas de nous en apercevoir; et nous en avons au moins une à chaque crise ministérielle, depuis que se forment dans le législatif des comités de vigilance pour contrôler la façon dont le Président de la République exerce la seule prérogative qu'il ait en effet conservée : celle de choisir ses ministres;

et même, dans le train quotidien de notre vie publique, depuis que ces comités ou leurs pareils, ou simplement les députés passent toutes leurs matinées à peser, de bureau en bureau, sur les actes, fût-ce les plus insignifiants, de l'administration? Il est donc évident que ces deux pouvoirs, l'exécutif et le législatif, s'emmêlent, s'embrouillent et que c'est entre eux, et contre nous. l'anarchie par la confusion..

Comment en faire ou en refaire deux pouvoirs, — je ne veux pas dire, encore une fois, séparés, parce qu'en somme, l'œuvre d'État leur est commune et qu'ils y doivent collaborer chacun d'une activité réglée, — mais distincts et indépendants? D'abord en ce qui concerne le plus haut agent de l'exécutif, *le Président de la République*.

L'ÉLECTION DU PRÉSIDENT DE LA RÉPUBLIQUE

Messieurs, pour ce qui est de lui, du Président, vainement on s'ingénierait : jamais, tant qu'il sera nommé par le Congrès, qui n'est que la réunion des deux Chambres, et tant que, par conséquent, la base de l'exécutif sera placée dans le législatif même, jamais on n'arrivera à réaliser et à maintenir, en sa personne, la distinction, l'indépendance désirables entre l'exécutif et le législatif. Vous ne pouvez raisonnablement exiger de lui, vis-à-vis de ses électeurs d'hier, dont bon nombre peuvent être ses réélecteurs de demain, ce détachement qui ressemblerait à de l'ingratitude et qui serait relevé comme un défi.

Si vous voulez que, dans la personne du Président de la République, d'abord, l'exécutif soit distinct et indépendant du législatif, *n'en laissez pas la nomination aux Chambres assemblées en Congrès.*

Mais, la leur ôtant, à qui la confier? — Et tout de suite ici s'élèvent les clameurs de ceux qui se souviennent et qui tremblent au seul nom de « plébiscite ». — Le plébiscite, disent-ils, ne vous épouvante donc pas? Mais la question, Messieurs, ne se poserait vraiment, que si, ôtant aux Chambres l'élection du Président, on n'avait d'autre alternative que de la remettre au peuple, directement sommé — ou prié — de se prononcer. En est-il ainsi? Entre l'élection par le Congrès et le plébiscite, ne peut-on concevoir autre chose? N'y a-t-il pas ce que les Italiens, habiles à en découvrir, appellent si joliment une *via di mezzo*, un moyen terme?

Une des infériorités du régime actuel, une des raisons pour lesquelles sans doute la République n'a pas été plus progressive, tient, je le crois bien, à son manque d'imagination : elle s'est fixée en deux ou trois formules traditionnelles d'imploration ou d'imprécation, s'y est figée, s'y est comme desséchée et stérilisée : tout problème l'a surprise et déconcertée, qui n'était pas réductible à l'une ou l'autre de ces deux ou trois formules. Et cependant il y en avait d'autres encore, qu'il s'agissait seulement de trouver.

Celle-ci, du moins, n'est pas cachée très loin. *Pourquoi ne pas faire élire le Président par les Conseils généraux?*

Le faire élire par eux, ce serait transporter hors du législatif la base de l'exécutif et du même coup travailler à la séparation, à la distinction des pouvoirs : ce serait élargir cette base, sans la bouleverser ; ce serait fonder l'indépendance de l'exécutif, sans fonder sa suprématie ; ce serait ramener le législatif à sa fonction, sans le faire déchoir ni l'assujettir. Et ce serait aussi rehausser l'exécutif, car il faudrait, pour être porté à la première magistrature de l'État, non peut-être une illustration, — ne soyons pas trop exigeants et ne poursuivons point un luxe inutile ! — mais une notoriété qui dépasse un peu le cercle des couloirs parlementaires ou les limites d'un arrondissement.

Et que voulez-vous, Messieurs? A qui la faute si, quelle qu'en puisse être la couleur, — bleu, blanc, rouge ou tricolore, — le Français est un peuple qui se rallie toujours au panache?

A contrarier, à comprimer si radicalement l'amour de la gloire, fût-elle un peu de parade, qui est le ressort psychologique de la nation, l'on commettrait une lourde faute, que tôt ou tard on payerait très cher et que tôt ou tard ce serait la République elle-même qui payerait : privée, en effet, sevrée par la République et dans la République de cet éclat séculaire au milieu duquel elle se flatte d'aller, soulevant sur ses pas comme un murmure d'admiration envieuse, la France courrait après hors de la République et le demanderait, — au besoin contre la République, — à qui pourrait le lui offrir.

C'est une grande dame, Messieurs; habituée à plus, gâtée par l'histoire, elle ne se résignera jamais à être traitée comme une cousine pauvre, et à épouser un brave homme qui ne soit qu'un brave homme; — autrement, le ménage ira mal.

Pour qu'il aille mieux, il faut que la France puisse mettre non seulement son orgueil, mais sa vanité dans la République. Ne négligeons rien pour qu'elle le puisse. Sacrifions un peu à sa passion : laissons-lui davantage la liberté de son choix; et modérons-la d'un peu de raison : demandons-lui de déclarer ce choix par l'intermédiaire de ses Conseils généraux, qui lui feront comme un vaste conseil de famille.

On a dit autrefois du suffrage à deux degrés que c'était un suffrage « filtré ». En remettant aux Conseils généraux l'élection du Président de la République, « filtrons » de même, ou « tamisons » le plébiscite; et que tout ce dont il peut être chargé reste au fond; mais passe à travers le filtre, avec l'esprit généreux et la sève populaire qui donneront la force, cette fine senteur de la terre de France qui donnera le bouquet!

Ne nous inquiétons pas des objections, et si l'on nous dit : « Mais ce serait conférer aux Conseils généraux des attributions politiques! » répondons tranquillement : « Le beau malheur! n'en auraient-ils pas, dans des circonstances exceptionnelles, de par une certaine loi Tréveneuc, — loi de 1872 un peu oubliée, mais non abrogée? — N'en ont-ils pas déjà, même en temps ordinaire? Et qu'y a-t-il de subversif à faire des électeurs présidentiels de ceux dont on a fait sans inconvénient des électeurs sénatoriaux? Les affaires départementales n'y perdraient rien, et l'affaire nationale, la politique, en son expression, en sa personnification la plus élevée, y gagnerait.

LES MINISTRES

Puis, — la séparation, la distinction entre l'exécutif et le législatif refaite dans la personne du Président de la République, il y aurait à la refaire aussi dans les personnes de ses ministres; et, pour cela, *il faudrait qu'il ait tout au moins la faculté, — plus explicitement qu'il ne l'a en vertu du texte de 1875, — de choisir ses ministres hors des Chambres;* il faudrait qu'il y fût invité, non plus seulement autorisé, — ce qui veut presque dire qu'il en est excusé, et ce qui fait présentement de l'usage de cette faculté presque un abus de pouvoir.

Il faudrait donc que, non plus par dérogation à la règle ou à la coutume, mais dans la règle et selon la coutume, le Président pût prendre ses ministres où il le jugerait bon, soit dans le Parlement, soit hors du Parlement; et il faudrait, d'autre part, le ministère une fois composé, définir les rapports que, par lui et en lui, l'exécutif devrait avoir avec le législatif.

L'arrangement le plus sage de ces rapports serait sans doute *d'en charger, à l'exclusion de tous autres, un ministre spécial*, — sorte de ministre d'État, — qui pourrait être le Président du Conseil, ministre sans portefeuille. — Comme lui seul aurait affaire au Parlement, ses collègues seraient moins en butte à des sollicitations qui parfois laissent transparaître la menace, ou ils se sentiraient plus de courage à résister; et comme il n'aurait pas de portefeuille, on aurait moins de motifs, et moins d'occasions de le solliciter directement, ou de le menacer. — Lui seul serait chargé de répondre aux interpellations; et, pendant qu'il le ferait, les ministres, même celui sur l'administration duquel on aurait cru devoir interpeller, travailleraient de leur métier, *administreraient*. — Lui seul serait à toute heure responsable devant le Parlement; reportée visiblement sur lui, cette responsabilité serait effective; il y aurait moins d'instabilité ministérielle, parce qu'il y aurait moins de concurrence ministérielle; et la France y retrouverait, d'une part, une administration; d'autre part, un gouvernement et une politique.

LE CONSEIL D'ÉTAT

D'autre part encore, la France y retrouverait probablement une législation de qualité supérieure, parce que le législatif, ne se prenant plus pour l'exécutif, s'appliquerait mieux à sa besogne à lui, qui est de légiférer. *On soutiendrait d'ailleurs sa bonne volonté, on le renforcerait par un auxiliaire chargé de préparer, d'étudier, d'élaborer les lois, de leur donner façon et figure de lois, de les rédiger en un bon texte et de les codifier en un bon ordre.* Cet auxiliaire, nous l'avons : il est tout désigné : c'est *le Conseil d'État*. Non pas peut-être tel qu'il est aujourd'hui, mais tel qu'il serait aisé de le faire demain, si l'on en surveillait le recrutement, et si l'on déclarait qu'il est, du commencement à la fin, chargé de la confection matérielle, de la confection technique de la loi.

Dira-t-on que ce serait revenir à la Constitution de 1852 et même à la Constitution de l'an VIII? Mais des spectres ne sont pas des raisons ; et si l'une ou l'autre de ces constitutions nous offre, ou à peu près, ce dont nous avons besoin, je ne vois pas en quoi c'est la ressusciter que de le lui prendre.

LA COUR SUPRÊME

Au surplus, Messieurs, afin que la liberté ne perde point ce qui serait restitué à l'autorité, le devoir s'imposerait, — et dès maintenant il s'impose, — d'établir, vis-à-vis des deux pouvoirs proprement dits, des pouvoirs d'action, l'exécutif et le législatif, l'indépendance du pouvoir de protection, le judiciaire. Le pouvoir judiciaire doit être, dans un État policé, comme le cran d'arrêt, comme le cran de sûreté des deux autres; mais il ne peut l'être que s'il en est convenablement indépendant, convenablement séparé ou distinct.

Or, pour l'instant, il ne l'est pas assez.

Quand je dis pour l'instant, je ne songe pas seulement à ce temps, particulièrement rigoureux, de Haute-Cour. A coup sûr, Messieurs, la Haute-Cour nous est un bel exemple de ce que peuvent l'exécutif, le législatif, et le judiciaire mélangés; à voir le Sénat remplir durant des mois entiers un rôle judidiciaire, — et cependant la terre tournait! — on commençait à oublier qu'à l'ordinaire il a un rôle législatif, et je comprends l'erreur de ce brave homme qui, l'autre jour, m'arrêta dans la rue et, me montrant le dôme du Luxembourg, me demanda si c'était bien là le Palais de Justice.

Mais nous aussi, que de fois, en ces dernières années, nous avons pu nous demander, même sans Haute-Cour, si la loi se faisait au Palais de Justice ou si la justice se rendait au Palais-Bourbon! Que de fois nous avons pu croire que le pouvoir judiciaire, sous la troisième République, allait changer de nature pour devenir, dans la main, toujours rude et lourde, du juge d'instruction, un nouvel outil de gouvernement!

Par de trop longs et de trop fréquents contacts, par un échange de recommandations et de « non-lieu », ne s'est-il pas tissé entre le législatif et le judiciaire une trop large et trop forte toile de services et d'obligations, de gratitude et de crainte réciproques? Et peu à peu ne nous pousse-t-on pas, par ce chemin, vers un régime indécis et flottant, sans sécurité, sans stabilité, qui oscillerait, suivant les cas, de l'omnipotence législative à l'omnipotence judiciaire; régime tel qu'on aurait peine à en imaginer un pire; et qui, par l'arbitraire, le caprice, la fantaisie alternée de ceux qui font la loi et de ceux qui l'appliquent, aboutirait à l'oppression réelle, à la suppression finale du droit des citoyens, dissous dans un verbiage pompeux et tout enflé des droits du citoyen ?

Alors, qui nous garantit que le judiciaire ne se ferait point, contre chacun de nous ou contre tel ou tel d'entre nous, l'exécuteur des œuvres plus ou moins hautes du législatif et de l'exécutif ? Alors, qui empêcherait le juge de se faire l'instrument des ambitions, des cupidités, des rancunes, ou simplement des desseins politiques du parti à cette heure-là dominant ? Et s'il le faisait, s'il se faisait l'exécuteur des œuvres basses ou médiocres d'un gouvernement d'occasion, un outil ou une arme dans la main d'hommes de parti, quel recours aurions-nous ? et devant qui ?

Oui, je sais : je sais que nous avons les « Immortels principes » et la « Déclaration des Droits de l'Homme » ; que dis-je ? trois Déclarations au moins des Droits de l'Homme : 1791, 1793 et 1795 ! Mais, franchement, c'est comme si nous n'avions rien, et au total, les ayant toutes les trois, en effet nous n'avons rien. Les Anglais, les Américains ont des droits ; nous n'avons, nous, que des déclarations de droits ; ils ont une substance, nous avons du vent ; ils ont le fait, nous avons des phrases. Or, ces grandes phrases et ces grands mots, ces mots gonflés comme des outres, ces phrases si générales qu'elles sont universelles, si largement, si indéfiniment humaines qu'elles ne stipulent plus particulièrement pour personne en aucun temps ni dans un aucun pays, et que, voulant atteindre l'homme, elles passent au-dessus des hommes ; tout cela, toute cette rhétorique, toute cette musique, tout cet air artistement travaillé, ce n'est jamais que de l'air, de la musique et de la rhétorique !

Mais, la démocratie étant désormais notre

lot, il faut que chez nous le citoyen ait quelque chose de plus consistant et de plus résistant pour se défendre au besoin contre le gouvernement, contre le législateur, contre le juge, contre les trois pouvoirs de l'État : il faut lui en donner un moyen légal, constitutionnel.

Les Hautes-Cours appellent un contre-poids. Et, mon Dieu! Messieurs, que sont-elles, en effet? Je voudrais le dire sans soupçon de paradoxe : de par l'évolution des institutions et des mœurs, elles sont, dans l'État moderne, ce qu'étaient le poignard ou le poison dans les républiques de la Renaissance, ce qu'a été la Bastille sous la monarchie absolue; elles sont comme le bras armé et toujours levé de la raison d'État.

Seulement, s'il y a pour la raison d'État une Haute-Cour, *il faut qu'il y ait une Suprême Cour pour la défense des citoyens.*

Une *Cour Suprême* de France, qui, à l'exemple de celle des États-Unis, composée d'un très petit nombre de personnalités éminentes et éminemment indépendantes, à l'abri de toute pression et de toute tentation, reçoive comme un dépôt le pacte fondamental et soit en quelque sorte comptable envers les citoyens des garanties constitutionnelles ; devant laquelle, lésés par une loi, si cette loi qui leur cause un dommage ou leur crée une servitude viole la Constitution, les citoyens puissent se pourvoir ; par laquelle ils puissent, chacun pour son compte et quant à ce qui est de lui, faire déclarer une telle loi inapplicable ; qui, ainsi, les habitue à la garde, à l'exercice, aux batailles de la liberté ; qui, ainsi, mette un terme à la confusion des pouvoirs, à la réduction en fait des trois pouvoirs à un seul, à leur absorption en lui ; et qui ainsi mette un frein à la fantaisie législative, en substituant au *parlementarisme illimité*, où le Parlement, suivant l'adage, peut tout ce qu'il veut, — hormis changer un homme en femme ou une femme en homme, et où, encore, il lui est permis de perdre son temps et notre argent à l'essayer, — *en lui substituant un parlementarisme limité*, où la Cour Suprême ne permet au Parlement que ce qui, vis-à-vis de personne, ne blesse ni ne heurte la Constitution.

Mais, Messieurs, doter la France d'une Cour suprême, ne serait-ce pas, par en haut et au sommet, doter la démocratie d'un organe qui pourrait beaucoup pour son organisation; et, par là encore, ne serait-ce pas hâter le jour où, de la masse amorphe qu'est politiquement le peuple français, il sera possible de tirer une démocratie organisée?

LES RÉFORMES NÉCESSAIRES

Veuillez, du reste, remarquer que, si complexe que soit cette œuvre de l'organisation politique de la démocratie, elle l'est pourtant bien moins qu'elle n'en a l'air, puisqu'elle se résume en ceci :

1° *Organiser le suffrage universel, en doublant la circonscription locale ou géographique d'une circonscription professionnelle ou sociale,* en répartissant tous les citoyens égaux devant le suffrage en quelques groupements très ouverts, fondés sur la profession, sur la similitude des intérêts et de la vie, avec cette condition qu'ils tirent de ces groupements mêmes leurs représentants ;

2° *Rétablir la distinction et assurer l'indépendance mutuelle des pouvoirs, affranchir l'exécutif,* d'abord *dans la personne du Président de la République,* en enlevant sa nomination aux Chambres pour le *faire élire, disons : par les Conseils généraux ;* ensuite dans *la personne des ministres,* en ne laissant *qu'à un seul d'entre eux,* ministre d'État sans portefeuille, *le soin des relations avec les Chambres*, et *en les prenant régulièrement et ordinairement hors des Chambres ;*

3° *Élever le niveau du législatif, par un mode d'élection plus approprié*, et *la qualité de la législation, par le concours d'un grand Conseil d'État jurisprudent ;*

4° *Limiter le parlementarisme*, — non pas le détruire, mais le remettre à sa place, — et en même temps, *par la création d'une Cour suprême*, — suprême quant à toutes les Cours et même quant aux Hautes-Cours, — conservatrice de la Constitution, interprète de son texte et exégète de son esprit, juge du constitutionnel et de l'inconstitutionnel, — *donner à l'individu un moyen de droit* de *maintenir son droit* contre la force, contre toutes les forces de l'État.

Après quoi, Messieurs, on pourrait déjà dire que la démocratie serait politiquement organisée. Il est vrai que l'organiser politiquement est à peine une moitié de la besogne ; que nous avons aussi à l'organiser socialement ; mais cette seconde partie du programme est tout à fait différente de la première ; elle vaut d'être traitée pour elle-même : et je n'en veux, je n'en puis maintenant dire qu'un mot.

III

QUELQUES MOTS SUR L'ORGANISATION SOCIALE DE LA DÉMOCRATIE

Ou plutôt je ne l'aborderai pas ; je dirai seulement qu'il faudra bien l'aborder un jour, et que, dès cette heure, elle est comprise dans notre programme. Nous ne fermons pas volontairement les yeux, nous ne nous bouchons pas volontairement les oreilles ; nous reconnaissons que les positions où le vieux « libéralisme » s'était bourgeoisement cantonné sont désormais intenables ; puisque l'État, puisque la société sont désormais tout autres, nous convenons que tout autre aussi doit être la politique.

Nous arrêtera-t-on, Messieurs, nous avertira-t-on que nous pourrions, sur cette voie, nous rencontrer ici ou là avec les socialistes eux-mêmes ? On ne nous retiendra ni ne nous embarrassera. Car, enfin, le juste et le possible sont le juste et le possible indépendamment de l'étiquette que prennent ceux qui les propagent ; et si, — eux-mêmes, — les adversaires ont, par hasard, une idée bonne et féconde, n'est-ce pas encore les combattre que de la leur emprunter ?

Or, il y a certainement, dans la thèse des socialistes, au milieu de beaucoup d'utopies irréalisables, des choses qui, celles-là, sont réalisables, qui seront un jour réalisées, et qui, par rapport à ce qui est, marqueraient une amélioration. Ne leur en abandonnons donc pas le monopole. Habituons-nous à regarder un peu moins avec qui nous sommes, un peu plus vers quoi nous marchons. Vidons le socialisme de ce qu'il a de positif et de pratique, et laissons-le avec son enveloppe de chimères, si léger qu'un souffle l'emportera dans les nuages. Puisque la devise de ses chefs assagis est à présent : « Avoir peur de faire peur », que la nôtre soit : « Faire peur d'avoir peur ». Inaugurons une politique plus hardie, plus intelligente, plus souple, plus compréhensive, plus vivante, que la politique aveugle et sourde du sommeil inerte de laquelle nous nous sommes trop longtemps endormis.

IV

POLITIQUE NOUVELLE ET RÉPUBLIQUE NOUVELLE

Certes, Messieurs, *une politique nouvelle*, et *dans une République nouvelle* !

Oh ! je sais d'avance l'antienne qu'on nous chantera, et je sais qui nous la chantera. Mais je sais aussi que je puis bien répondre avec le grand orateur espagnol, avec don Emilio Castelar, devenu un jour suspect, lui aussi : « Je suis républicain de conviction et de conscience. Quiconque doute de ma foi républicaine m'offense donc et me calomnie ! » Oui, Messieurs, oui ; nous sommes des républicains, de bons, loyaux et solides républicains ; mais peut-être avons-nous le droit de l'être pour nos raisons et à notre manière, autrement que d'autres l'étaient avant nous, ou que d'autres le sont autour de nous.

Et d'abord, voici ce que nous ne sommes pas, ce que nous ne voulons plus être.

Nous ne voulons plus être des républicains sectaires, bigots, et pour tout dire fétichistes, pétrifiés dans l'admiration, dans l'adoration, dans l'imitation servile d'un passé qu'il serait mal de rabaisser et qui, sans doute, eut sa grandeur, mais qui pour toujours est le passé. De ces républicains jacobins, qui conçurent la liberté comme une abstraction et entreprirent de l'imposer comme un Koran ; qui la placèrent dans de si hautes et de si froides régions que la poitrine humaine n'y respire pas, que le cœur humain n'y bat pas, qu'il faut toute la chaleur du sang humain versé à flots pour qu'un brin d'herbe y pousse et que l'on y trouve une trace de vie ; de ces républicains-là, qui ont fait de la politique une géométrie ou une algèbre, enfermant dans des parenthèses plus grandes des parenthèses plus petites, les unes et les autres creuses du vide sans fond de la logique sans bornes ; qui ont fait de la République une catégorie de l'esprit, mais n'en ont pas su faire une espèce de la réalité, nous ne sommes pas, nous ne voulons plus êtres, et c'est notre droit de n'en être plus.

C'est notre droit de concevoir la politique comme un règne de la vie, la République comme une forme de l'Etat vivant ; de nous plaindre, songeant par exemple aux promesses magnifiques de la Déclaration des Droits, non de ce que la fiancée fût trop belle, mais de ce que le mariage n'ait point été consommé ; et de préférer à cette superbe liberté jacobine, qui n'est pas, des libertés plus modestes, plus terre à terre, mais vivantes.

C'est notre droit de penser que le rôle des républicains ne peut être éternellement celui de gardiens d'un cimetière, même rempli de tombes illustres; c'est notre droit de croire à la République vivante plus qu'à des républicains morts.

Ainsi notre affirmation de la République est avant tout une affirmation de la vie, et ce que nous sommes, il est aisé de le déduire de ce que nous ne sommes pas.

Nous ne sommes pas des révolutionnaires qui se vantent de faire table rase au dedans et au dehors d'eux-mêmes, de transformer l'homme et le monde d'un seul coup de baguette; nous ne sommes pas des réactionnaires qui rêveraient sottement de refouler les sociétés vers leurs origines et de ramener sous le bâton pastoral l'homme et le monde; nous ne sommes pas même des progressistes, comme on dit, noblement, mais naïvement épris d'un progrès incessant et indéfini, sans secousses et sans arrêts. Nous sommes des évolutionnistes qui, ne détruisant pas pour créer, prennent la vie où elle en est, et qui la continuent, et qui l'augmentent, et qui l'élargissent, et qui l'élèvent, s'il se peut; heureux lorsque, contre un pas en arrière, ils auront pu faire deux pas en avant, car ce sera un pas de gagné.

Mais si, en l'an 1900, nous nous tenons pour obligés, — parce que nous suivons la vie, — à être de l'an 1900, et non de l'an 1800, ni de l'an 2000, nous ne feindrons pourtant pas d'ignorer que le mouvement n'a pas commencé avec nous, qu'il ne s'arrêtera pas avec nous.

L'œuvre, probablement, nous dépassera, comme, derrière nous et devant nous, la vie nationale, la vie sociale nous dépasse. Ce n'est pas nous qui l'achèverons, qui, au bout du fil de nos jours, la scellerons de notre sceau. Mais c'est tout de même à nous, tandis que la France vit en nous et puisqu'elle doit vivre par cette œuvre, de nous y attaquer et de nous y attacher ; car rien ne grandit notre petitesse, rien ne met de la durée dans notre fugitivité, comme d'oser de grands et de longs desseins. Et ici, vraiment, nous pouvons oser. Nous le pouvons en toute raison, en toute justice ; et dès que nous le pouvons, nous le devons. Tout ce que nous devons, tout ce que nous pouvons, osons-le.

Osons-le, non pour un parti, mais pour la Patrie.

Si l'œuvre nous dépasse, nous, ombres chétives qui sommes à peine et déjà ne sommes plus, à qui le temps est avarement mesuré, elle est à la taille de la France ; elle est digne de son génie, digne de sa destinée, digne de sa mission historique.

Il serait beau que la France rendît encore aux peuples, après tant d'autres services, ce service incomparable ; que, pour elle et pour eux, elle opérât encore ce miracle, ce rajeunissement, ce renouvellement; et que, dans ce qu'on s'est trop hâté de nommer sa vieillesse, elle enfantât encore un monde.

Organiser la démocratie; ordonner le nombre; canaliser, régulariser cette force naturelle, capable d'être indifféremment un fléau ou un bienfait, la contraindre à être un bienfait : cela serait beau, Messieurs, et digne de la France! — J'en atteste pieusement les générations qui l'ont faite, glorieuses ou obscures lignées d'ancêtres, dans la succession desquelles elle vit tout entière en chacun de nous, et dans la communion desquelles je voudrais l'avoir, en chacun de vous, réveillée tout entière par ces paroles, qui seraient perdues, si vous n'y aviez senti un peu plus que ce que disaient les paroles.

FIN.

TABLE

EMILE COLIN, IMPRIMERIE DE LAGNY (S.-ET-M.)

DU MÊME AUTEUR

Pour paraître prochainement :

LE PRINCE DE BISMARCK

Psychologie de l'homme d'État

Un volume

L'EUROPE SANS AUTRICHE

Nationalités et l'Empereur — Les Partis et les Hommes

L'Autriche future et la future Europe

Un volume

EMILE COLIN, IMPRIMERIE DE LAGNY (S.-&-M.)

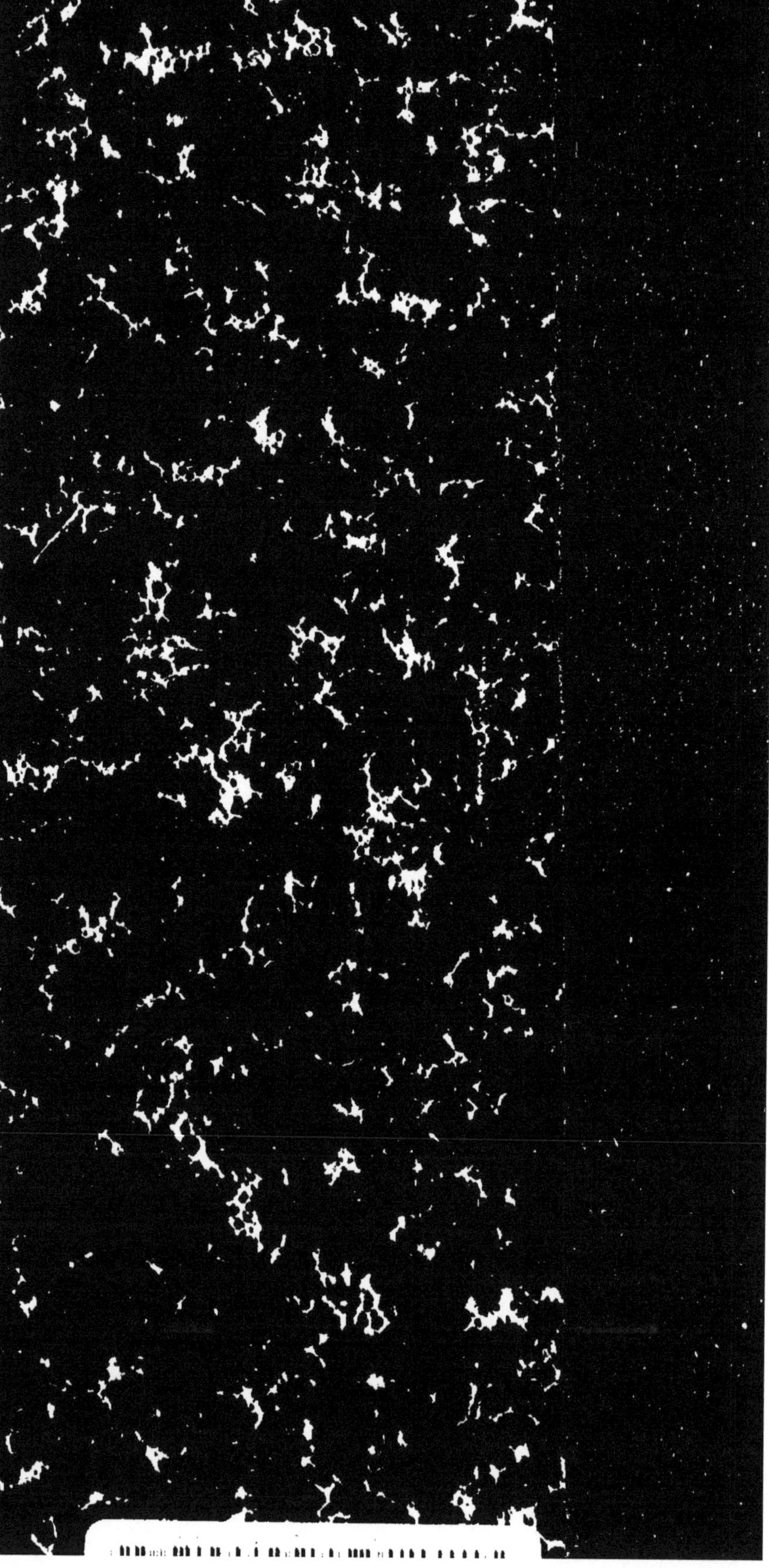

www.ingramcontent.com/pod-product-compliance
Ingram Content Group UK Ltd.
Pitfield, Milton Keynes, MK11 3LW, UK
UKHW021008200726
13857UKWH00004B/1343